✦ 교과 연계표 ✦

에피소드	쪽 번호	속담	교과 연계
1장 ❶	10쪽	지렁이도 밟으면 꿈틀한다	6학년 1학기 국어 (가)
1장 ❷	12쪽	소 잃고 외양간 고친다	
1장 ⓬	32쪽	호랑이에게 물려 가도 정신만 차리면 산다	
2장 ❷	46쪽	콩 심은 데 콩 나고 팥 심은 데 팥 난다	3학년 1학기 국어 활동 6학년 1학기 국어 (가)
3장 ❶	80쪽	가는 말이 고와야 오는 말이 곱다	6학년 1학기 국어 (가)
3장 ❸	84쪽	말이 씨가 된다	6학년 1학기 국어 (가)
3장 ❹	86쪽	같은 말이라도 아 다르고 어 다르다	
3장 ❻	90쪽	발 없는 말이 천 리 간다	
3장 ❼	92쪽	호랑이도 제 말 하면 온다	
3장 ❽	94쪽	입은 비뚤어져도 말은 바로 해라	
4장 ❹	114쪽	윗물이 맑아야 아랫물이 맑다	3학년 1학기 국어 활동
4장 ❺	116쪽	티끌 모아 태산	6학년 1학기 국어 (가)
4장 ❼	120쪽	세 살 적 버릇이 여든까지 간다	
4장 ❽	122쪽	백지장도 맞들면 낫다	
4장 ❿	126쪽	천 리 길도 한 걸음부터	
4장 ⓫	128쪽	배보다 배꼽이 더 크다	
4장 ⓬	130쪽	우물을 파도 한 우물을 파라	
4장 ⓭	132쪽	아니 땐 굴뚝에 연기 날까	3학년 1학기 국어 활동
4장 ⓯	136쪽	바늘 가는 데 실 간다	6학년 1학기 국어 (가)

빨간내복야코

어린이 상식

이거 모르면 지구인 아님

원작 **빨간내복야코** | 감수 **샌드박스네트워크**
글 전판교 | 그림 도니패밀리

① 속담

자기소개

사동

야코의 사촌 동생이다.
형들을 귀찮게 하곤 한다.
순진해서 형들에게 잘 속는 편.

야코

늘 빨간내복을 입고 다녀서
'빨간내복야코'라는 별명을 갖게 되었다.
MBTI가 E로 시작될 것으로 추정.

양양

야코와 어릴 때부터 친구이다.
만날 때마다 싸우지만 항상
붙어 다니는 것이 미스터리.

하몽

소심하고 착해서 쉽게 친구들의
장난에 당한다. 착한 하몽이도 자꾸
괴롭히면 화를 내니 적당히 하도록!

야코의 친구 츄리입니다. 근데 이거 왜 하는 거야?

츄리

말수가 적고 표정 변화도 거의 없어 속을 알 수 없다.
말을 직설적으로 하지만 누구보다도 친구들을 위한다.

꺼억...

저는 원바인데요. 세상엔 맛있는 게 왜 이렇게 많죠?

원바

먹방 너튜브 채널을 운영할 만큼 먹는 것에 진심이다.
원바의 음식을 건드리면 큰 재앙을 맛볼 것이다.

저는 스포키이고요, 86쪽에 처음 등장해요.

셀프 스포일러 중

스포키

복제문 같은 특별템을 만들어서 친구들을 혼란에
빠트리곤 한다. 스포일러를 하는 게 주특기이면서
특별템은 스포일러를 하지 않는 것이 퍽 얄밉다.

아아, 마이크 테스트. 제가 바로 햄C예요.

저는 네모예요. 이제 집에 가 볼게요.

햄C

아나운서이며, 주인공
욕심이 있어 가끔
엉뚱한 행동을 한다.

네모

밝고 긍정적이다.
엄청난 집순이이지만,
노래 부르는 것을
좋아한다.

✦ 차례 ✦

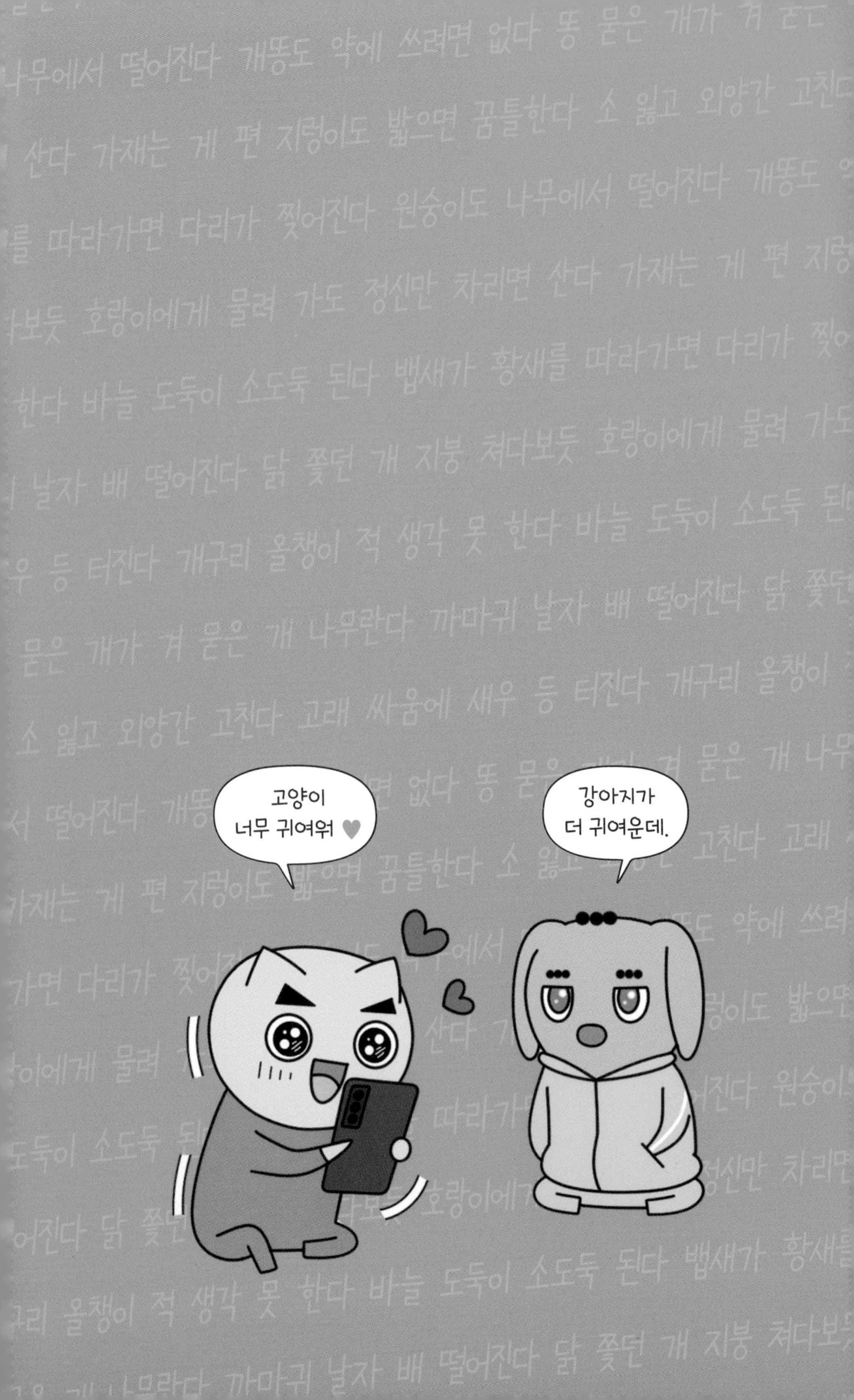
고양이 너무 귀여워
강아지가 더 귀여운데.

고양이파 야코도
강아지파 츄리도
모두가 좋아하는

동물 속담

지렁이도 밟으면 꿈틀한다

땅에 사는 지렁이는 작고 눈에 잘 띄지 않지만, 밟으면
꿈틀거리며 아픔을 표현해요. 지렁이처럼 아주 약해 보이거나
순한 사람도 너무 괴롭히면 가만있지 않는답니다.

오이 맛없거든!

옥신

무슨 소리! 오이가 얼마나 맛있는데!

각진

너희는 친구 공부하는데 꼭 여기서 떠들어야 돼?

슥

뭐야? 화난 거야?

하몽아 화났지?

아니, 화 안 났어.

11

❷ 소 잃고 외양간 고친다

소를 도둑맞은 후 비어 있는 외양간을 고친다는 뜻으로,
일이 이미 잘못된 뒤에야 행동을 취하는 것은
소용없음을 꼬집는 말이에요.

아야야야~.

이가 아프면 빨리 치과에 가. 소 잃고 외양간 고치지 말고.

그러게 양치질을 잘했어야지, 형.

아야야야야야~.

참, 사동이도 충치 있던데, 같이 가.

헉!

깜짝

선생님~ 안 아프게 치료해 주세요.

사랑치과

네~ 네. 아프면 왼손 들어 주세요.

13

고래 싸움에 새우 등 터진다

힘이 세고 큰 고래들이 싸울 때 가운데에 자그마한 새우가 껴 있으면
큰 피해를 입겠지요? 이처럼 강한 자들의 싸움에 낀
약한 자가 공연히 피해를 입을 때 이 속담을 사용해요.

14

4 개구리 올챙이 적 생각 못 한다

개구리가 어린 시절인 올챙이 때 생각을 못 한다는 뜻으로,
형편이 조금 나아졌다고 예전에 어려웠던 시간은 생각하지 못하고
잘난 척하며 으스대는 모습을 비유적으로 이르는 말이에요.

뿌에엥~ 뿌에엥~

사동아, 왜 울어?

게임하는데 사람들이 어린애라고 자꾸 놀리잖아~.

뿌에엥~ 뿌에엥~

바둥~ 바둥~

자기들도 어린 시절이 있었으면서 어린애를 놀리면 안 되지.

하여튼 개구리 올챙이 적 생각 못 한다니까.

사동아, 한마디 해!

역시! 야코 형 최고!

벌떡!

쑥

16

10년 후

사동이

아니!! 게임을 그렇게 하면 안 되지!!

제발 어린애들은 게임하지 말라고~!!

쯧쯧…. 개구리 올챙이 적 생각 못 한다더니.

자, 이걸 보거라.

이게 뭔데?

여… 여러분, 어린애라고 놀리지 마세요.

여러분도 개구리….

형, 개구리야? 올챙이야?

공손~

공손~

형… 이거 지워 주면 안 돼?

싫은데~. 조회 수 많이 나와서 지우기 싫은데~.

메롱~

내 사진첩에 야코 형 흑역사 사진이 많을 텐데…. 어디 보자….

야!! 아… 안 돼!!

철!

사동

바늘 도둑이 소도둑 된다

처음엔 바늘처럼 작은 것만 훔치던 사람이 도둑질을 계속하다 보면
나중엔 커다란 소까지도 훔친다는 뜻이에요. 아주 작은 나쁜 짓도
자꾸 하다 보면 무뎌져 큰 잘못을 저지르게 된다는 말이랍니다.

6

뱁새가 황새를 따라가면 다리가 찢어진다

뱁새는 황새보다 다리가 아주 짧아요. 그러니 뱁새가 황새를 따라가려고 다리를 넓게 벌리면 다리가 찢어질지도 모르죠. 이처럼 힘에 겨운 일을 억지로 하면 오히려 피해를 보고 말아요.

7 원숭이도 나무에서 떨어진다

나무를 잘 타는 원숭이조차 나무에서 떨어질 때가 있다는 의미로, 아무리 잘하는 사람이라도 가끔 실수할 때가 있다는 말이에요. 그러니 익숙한 일이라도 집중해야겠죠? 또 누구라도 실수할 수 있으니 너무 긴장하지 말도록 해요.

8 개똥도 약에 쓰려면 없다

개똥처럼 보잘것없고 흔한 물건도 필요해서
찾으면 없다는 뜻으로, 평소에 잘 보이던 것도
막상 쓰려고 찾으면 없다는 말이에요.

여기~

아니….
매일 보이던 가위가
어디로 간 거야?

저기~

에이~ 개똥도 약에
쓰려면 없다더니….

개똥? 츄리,
들었냐?

응,
들었어.

흐흐흐,
나도 들었어.

응? 다들
어디 갔지?

휭~

9 똥 묻은 개가 겨 묻은 개 나무란다

겨는 곡식의 껍질이에요. 더 더러운 똥이 묻은 개가 덜 더러운
겨가 묻은 개를 나무란다는 말로, 자기는 더 큰 단점이 있으면서
남의 작은 단점을 흉보는 모습을 지적하는 속담이에요.

까마귀 날자 배 떨어진다

까마귀가 나는 순간 갑자기 배가 떨어지면,
농부는 까마귀가 쪼아서 배가 떨어졌다고 생각하겠죠?
아무 관계없는 두 가지 일이 우연히 같은 때 일어나
어떤 관계가 있는 것처럼 의심을 받을 때 사용하는 속담이에요.

닭 쫓던 개 지붕 쳐다보듯

닭을 쫓던 개가 닭이 지붕 위로 올라가 버리자
쫓아 올라가지 못하고 지붕만 쳐다본다는 뜻으로,
애써 노력하던 일이 실패로 돌아가거나 남보다 뒤떨어져
어찌할 방법이 없을 때 쓰는 속담이에요.

오늘은 야코
형이랑 자야지.

빨리 자라.

왱~

쪼옥~

으악!
내 코! 내 코!!

별떡

으앙~ 모기가
내 코 물었어!

바둥 바둥

모기, 내가
너 꼭 잡는다!

휙 휙

31

호랑이에게 물려 가도 정신만 차리면 산다

아무리 위급한 일을 당하더라도 정신만 똑바로 차리면 위기를 벗어날 수 있다는 의미예요. 위급한 상황일수록 침착하게 생각하고 행동해야 해결책을 찾을 수 있어요.

• 비슷한 속담 하늘이 무너져도 솟아날 구멍이 있다.

가재는 게 편

가재가 자기와 비슷하게 겉이 딱딱한 게를 자기 편이라고 생각하여
편을 든다는 뜻으로, 모양이나 형편이 서로 비슷한 것끼리는
서로의 사정을 봐주고 감싸 주기 쉬움을 의미해요.

야코 미니티콘으로 완성하는
동물 속담!

미니티콘에 맞는 글자를 찾아 빈칸을 채워 속담을 완성해 줘.

| 서 | 당 | | 개 | | 삼 | | 년 | 에 |

| 풍 | 월 | 을 | | 읊 | 는 | 다 |

멍!

서당에서 삼 년 동안 매일 글 읽는 소리를 듣다 보면 개조차도 글을 읽게 된다는 뜻으로, 어떤 분야에 대해 전혀 모르는 사람도 그 분야에 오래 있으면 지식과 경험을 갖게 된다는 것을 비유적으로 이르는 속담이에요.

보기

지	강	범	아	룻	하

무	서	운		줄		모	른	다

태어난 지 얼마 안 된 강아지는 호랑이가 무서운지 모른다는 뜻으로, 약한 사람이 자기보다 강한 상대에게 겁 없이 덤비는 행동을 비유하는 말이에요.

스포키의 특별 아이템과 함께하는
속담 복습!

눈 깜빡 안약

안약을 넣고 눈을 감았다 뜨면 그동안 배운 것을
모두 잊게 된다고! 애써 배운 속담을 잊어버리지
않으려면 복습, 복습, 복습만이 살길이야!

 그림을 보고 빈칸을 채워 속담을 완성해 봐.

개구리 ▢▢▢ 적 생각 못 한다

▢▢▢ 에게 물려 가도 정신만 차리면 산다

38

 선을 이어 속담을 완성해 봐.

고래 싸움에

꿈틀한다

까마귀 날자

새우 등 터진다

지렁이도 밟으면

배 떨어진다

정답 151쪽

야코와 함께하는
〜 아싸라비아 속담 노래 〜

아싸라비아 속담 노래

야코 가사	포항항 항항항항 포항항 항항항항 포항항 항항항항 아싸라비아 콜롬비아!

속담 가사	포항항 항항항항	→	포항항 항항항항
	포항항 항항항항	→	아싸라비아 속담 시작!

포항항항항항항 포항항항항항항 포항항항항항항 아싸라비아 콜롬비아~

바늘 도둑 자라서	→	소도둑 된다는 건
작은 잘못 하다가	→	큰 잘못 하게 된다

40

〈아싸라비아 콜롬비아〉에 맞춰
속담 노래를 불러 봐.

호잇호잇호잇호잇 호잇호잇호잇호잇 호잇호잇호잇호잇 아싸라비아 콜롬비아~

개구리 올챙이 적 → 생각 못 한다는 건
조금 나아졌다고 → 어린 시절 잊었구나~

(야코: 친구야, 헤어졌구나. 크흡… 흐읍, 그것참 안됐다) 아싸라비아 콜롬비아~

(야코: 친구야, 얼른 공부해. 크흡… 흐읍, 그것참 안됐다) **아싸라비아 속담 공부~**

포할랄라라랄라라 포할랄라랄라라라라 포할라라라랄라라라 아싸라비아 콜롬비아~

소 잃고 외양간 고친다는 → 일이 잘못된 후에야 행동한다
지렁이도 밟으면 꿈틀한다 → 순해 보여도 성격 있다~

포항항 항항항항 포항항 항항항항 포항항 항항항항 아싸라비아 콜롬비아!

가재는 게 편이라 → 비슷하게 생겼다고
편 들어주는구나 → 아싸라비아 속담 최고!

호잇호잇호잇호잇 호잇호잇호잇호잇 호잇호잇호잇호잇 아싸라비아 콜롬비아~

원숭이도 나무에서 → 떨어진다는 것은
잘하는 사람도 → 가끔은 실수한다~

 하하하! 뭐야, 나 전화 왔네.

 야코, 너도 공부하자.

41

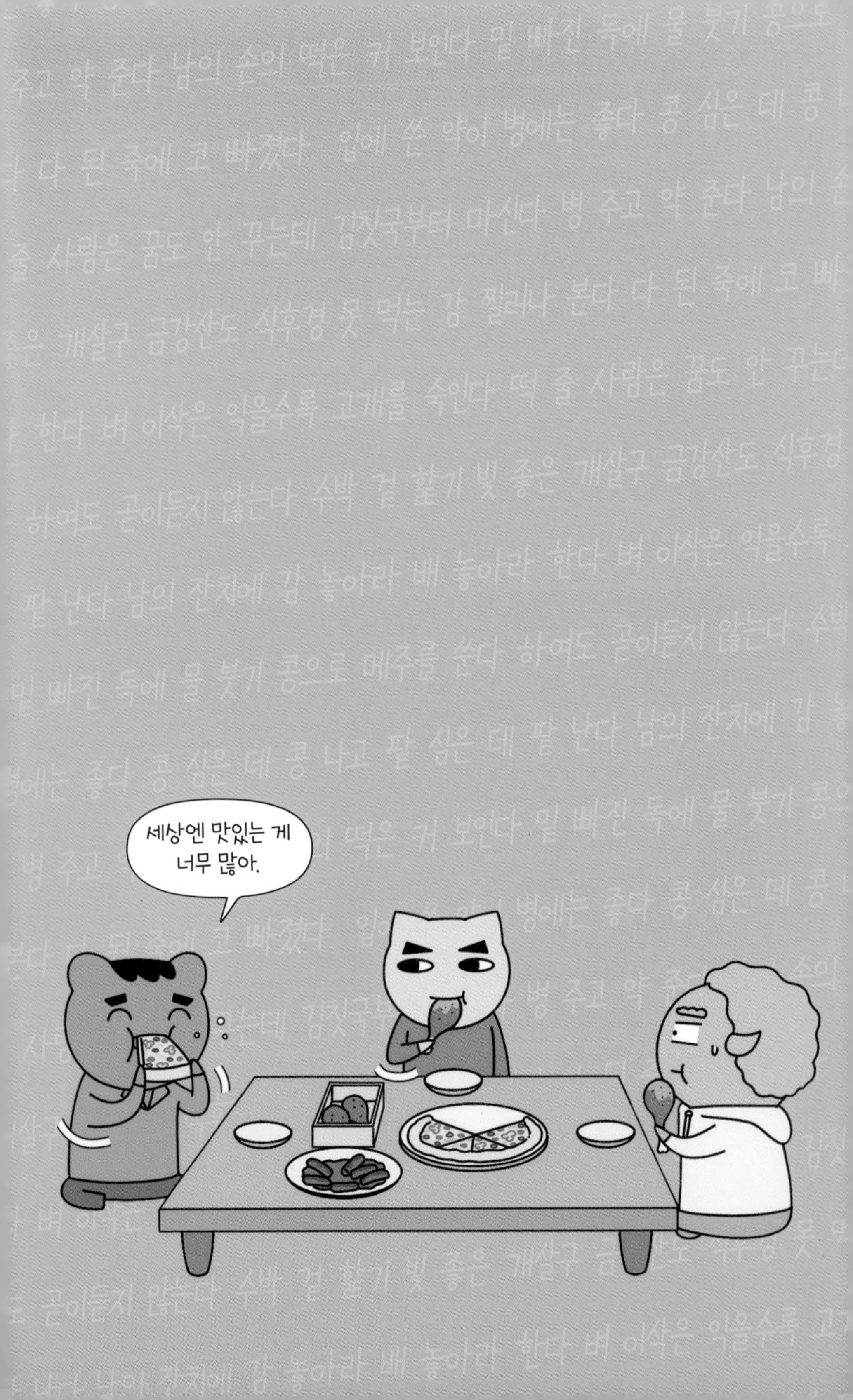
세상엔 맛있는 게 너무 많아.

✦ 2장 ✦

먹방의 신
원바가 푹 빠진

음식 속담

입에 쓴 약이 병에는 좋다

약은 먹기에는 쓰지만 병을 고칠 수 있어요. 이처럼 자기에 대한 조언이나 비판이 당장은 듣기 안 좋지만 그것을 받아들이면 자기 자신에게 이롭다는 말이에요. '입에 쓴 약이 병을 고친다'라고도 쓰여요.

44

45

콩 심은 데 콩 나고
팥 심은 데 팥 난다

콩을 심은 곳에 콩이, 팥을 심은 곳에 팥이 나는 것은 당연한 일이에요.
즉, 모든 일은 원인에 따라 그에 걸맞은 결과가 나타난다는 의미예요.

학교에서
줄넘기 시험 본다고
하지 않았어?
연습 안 해도 돼?

할 거야.
이것만 보고~.

뒹굴

뒹굴

며칠 뒤

주르륵

형~,
줄넘기 시험
망쳤어.

주륵

콩 심은 데
콩 나고 팥 심은 데
팥 난다고 했어.

연습을
안 했으니까
당연히 못하지.

바웅

바웅

어떻게 한 개도
못하냐고~!!

③ 남의 잔치에 감 놓아라 배 놓아라 한다

다른 사람의 일에 공연히 간섭하고 나서는 것을 꼬집는 말이에요.
남의 일에 지나치게 참견하지 않는 것이 좋겠지요?

48

49

④ 벼 이삭은 익을수록 고개를 숙인다

'이삭'은 벼에서 열매가 열리는 부분으로, 벼는 익을수록 이삭이 무거워져 마치 고개를 숙이고 공손히 인사하는 듯한 자세가 되어요. 이처럼 교양이 있고 훌륭한 사람일수록 다른 사람 앞에서 자신을 내세우려 하지 않고, 겸손하게 행동한다는 의미예요.

하몽아, 이번에 용감한 시민상 받는다며?

진짜? 왜 얘기 안 했어?

별로 대단한 일 한 것도 아닌데 뭐….

와아~. 벼는 익을수록 고개를 숙인다더니.

하몽이 진짜 겸손하다.

오~ 하몽이 동영상 떴다!

진짜? 어디? 봐 봐.

용감한 시민상을 받게 된 하몽 씨의 모습이 화제가 되고 있습니다.

CAM

지금부터 CCTV 화면을 같이 보시겠습니다.

CAM

휙

CAM

콰당!

아야야!

CAM

괘… 괜찮으세요?

아악! 내 다리!! 누가 길에 바나나 껍질을 버렸어?

후다닥

CAM

훌륭하십니다! 도둑을 잡으셨어요!

네?

이게 뭐야?

이렇게 잡았다고?

어쩐지~. 너무 겸손하더라니.

그래서 고개를 숙였구나~.

픽!

⑤ 떡 줄 사람은 꿈도 안 꾸는데 김칫국부터 마신다

상대방은 아직 떡을 줄 생각도 없는데, 먹고 목이 멜까 봐 김칫국을
먼저 마신다는 의미예요. 해 줄 사람은 생각도 없는데 미리부터
바라거나, 일이 다 된 것처럼 행동할 때 이 속담을 사용해요.

이상하네. 분명히 치킨 냄새가 났는데 왜 안 주지?

떡 줄 사람은 꿈도 안 꾸는데 김칫국부터 마셨네.

그래서 이대로 물러날 건가?

그럴 리가 있나!

퉤!

역시 치킨이 있었어.

이걸 혼자 먹으려고 하다니!

냠냠   냠냠

쿠웅!

내… 치킨 누가 먹으래….

씰룩…

남의 것을 탐한 자, 벌 받을지어다~!!

으아아악!

화그르   화그

왔다   갔다

크으응

그거 매운맛 10단계다!!

화그르

맛이 어떠냐!

53

6

병 주고 약 준다

남에게 해를 입히고 나서 약을 주며 도와주는 척한다는 뜻으로,
교활하고 음흉한 행동을 꼬집는 말이에요.

어서 오세요~.

머리 좀 잘라 주세요.

컷 미용실

손님은 자를 머리가 없는데요?

헉!

어? 이 손님은 주무시네?

크어엉….

쿨쿨~

이 손님 주무시는데 어쩌죠?

밤새 게임해서 그래요. 잠시만요.

톡톡…

으흑흑

이렇게 잘라 주세요.

척!

한 시간 뒤

으아아아악~!

컷 미용실

끼아아악!

머… 머리가 이게 뭐야?!

친구가 골라 준 머리예요.

야! 내 머리 어쩔 거야?!

진정해. 비싼 모자 사 줄게.

끼에엑!

흑흑흑

비… 비싼 모자?

쳇! 병 주고 약 주냐?

눈 뜨면 안 돼.

무슨 모자길래 눈까지 감으래?

자, 이제 눈 떠.

모자 세상

자… 잘 어울린다….

진짜? 거울 좀 줘 봐.

후다닥

헤헷.

⑦ 남의 손의 떡은 커 보인다

내 것보다 남의 것이 더 좋아 보이고, 내 일보다 남의 일이 더 쉬워 보인다는
뜻이에요. 하지만 막상 직접 해 보면 남의 일이 더 쉬운 것은 아니에요.
다른 사람의 것을 부러워하기보다는 내가 가진 것을 소중히 여기도록 해요.

음…

왜?

왜 네 거가
더 많아 보이지?

남의 손의 떡이
커 보인다잖아.
그럼 바꿔 먹자.

고마워~,
하몽아.

8

밑 빠진 독에 물 붓기

'독'은 항아리와 비슷한 그릇으로, 바닥이 깨진 항아리에는
물을 계속 부어도 줄줄 샐 뿐 채워지지 않아요. 이처럼 아무리
애를 써도 헛된 일이 되는 상태를 나타내는 말이에요.

내 말이 맞지?
양양이 길치라니까.

와, 그러네.

여긴 어디지?

양양아, 핸드폰으로
지도를 보면
길 찾기가 쉬워.
혼자 극장에
찾아가 볼래?

오호~
그런 방법이?

한참 뒤

또 헤매고
있네?

따라오길
잘했다.

9

콩으로 메주를 쑨다 하여도 곧이듣지 않는다

된장, 고추장의 재료인 메주는 콩으로 만들어요. 이렇게 뚜렷한 사실을 안 믿는다는 것은 사실대로 말해도 믿지 않는다는 의미예요.

수박 겉 핥기

수박은 맛있는 속을 먹어야지 딱딱한 겉만 핥아서는 그 맛을 알 수 없겠지요? 이처럼 어떤 사물이나 사건의 진짜 내용은 모르면서 겉만 건드리는 일을 꼬집는 말이에요.

자, 이건 스포키의 특별 아이템!

눈 깜빡 안약이야!

꼭 설명서 읽고 사용해야 해~.

〈눈 깜빡 안약〉
사용 방법
양쪽 눈에 안약을 한 방울씩 넣고 눈을 깜빡이면 집에 도착한다.
주의 사항

오~ 이거 잘 쓰면 엄청 편하겠는데?

휙~

자, 어디 한번 사용해 볼까?

똑!

깜─

─빡.

멍?!

팟

우아! 이게 진짜 되네?

다음 날

다녀오겠습니다~.

스윽

팟

??

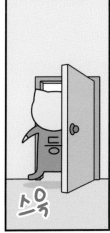

스윽

아니, 왜 자꾸 집으로 소환되는 거지?

팟

쯧쯧~ 설명서를 수박 겉 핥기식으로 읽으니까 그렇잖아.

주 의 사 항
눈을 깜빡일 때마다
무조건 집으로
소환된다.

세 시간 뒤

얘… 얘들아….

뭐… 뭐야?!

큉~

팟!

??   ??

63

빛 좋은 개살구

개살구는 겉으로 보기에 살구처럼 예쁘고 먹음직스러워 보이지만,
실제로는 살구에 비해 시고 떫어요. 즉, 겉은 그럴듯한데
실속이 없는 경우에 이 속담을 사용해요.

• 비슷한 속담 소문난 잔치에 먹을 것 없다.

금강산도 식후경

아무리 아름다운 금강산이라도 밥을 먹은 뒤에 봐야 눈에
들어온다는 뜻이에요. 엄청나게 재미있는 일도 배가 두둑해야 흥이 나지,
배가 고프면 아무 일도 할 수 없음을 나타낸답니다.

나
다이어트할
거야.

오늘부터
야식 안 먹을
거야.

사흘 동안
야식 안 먹으면
네가 해 달라는 거
다 해 준다.

나도.

좋아. 내가
야식 먹으면 딱밤
열 대 맞을게.

들었냐?
딱밤
열 대란다.

벌써 손가락이
근질근질하군.

씨익

1일 차

배고프니까
게임이나
해야겠다.

배고프니까
게임도 재미없네.

꼬르륵

꼬르륵

못 먹는 감 찔러나 본다

먹고 싶지만 먹을 수 없는 감을 다른 사람도 먹지 못하게 콕콕 찔러 놓는다는 의미예요. 내가 갖지 못할 바에는 남도 갖지 못하도록 심술을 부리는 고약한 마음을 나타낸답니다.

어? 가장 맛있는 메론 빵만 남았네.

메론 빵 하나 남은 거 내가 빨리 집어서 살 수 있었던 거 알지?

계산은 내가 했어.

빵 여기까지 내가 들고 왔잖아.

여기 우리 집이야.

가위바위보로
정하자.

좋아!

가위바위보!

아싸!
내가 이겼다!

잘 먹을게,
친구들아!!

에취~!!

투툭…

메… 메론 빵에
양양이 침이….

이런… 갑자기
재채기가 나왔네?

너 못 먹는 감
찔러나 보는 거야?

이런~ 이런~,
어쩔 수 없네.
그럼 내가….

슥

음?

야코는 안 먹는 거지?
내가 먹을게~.

냥냥

주르르

69

14

다 된 죽에 코 빠졌다

오랜 시간 정성을 들여 죽을 만들었는데, 마지막에 콧물을
똑 떨어뜨리면 더 이상 먹을 수 없겠지요? 이처럼 거의
다 된 일을 망쳐 버리는 행동을 나타내는 말이에요.

혁혁   혁   혁   혁혁

야코야, 난
더 이상 안 되겠어.

부들
부들

하몽아, 조금만
더 가면 정상이야.

힘들게 올라왔는데,
조금만 더 힘내라고!

원바의
먹방 너튜버 도전!

 원바의 너튜브 채널 섬네일을 보고 속담을 맞혀 봐!

 ## 잘 먹는 원바 Mukba

구독

홈   동영상   Shorts   재생 목록   커뮤니티

달면 삼키고 쓰면

도움이 되면 가까이하고 그렇지 않으면
멀리한다는 의미로, 옳고 그름을 따지지 않고
본인의 이익만 생각하는 모양새를 뜻하는 말

작은 가 더 맵다

몸집이 작은 사람이 큰 사람보다
야무지고 재주가 뛰어날 때 쓰는 말

금강산도

아무리 재미있는 일도
배가 두둑해야 흥이 난다는 말

 커뮤니티에서 진행되는 속담 퀴즈도 놓치지 말라고!

홈   동영상   Shorts   재생 목록   커뮤니티

잘 먹는 윈바 Mukba

미운 사람일수록 차라리 잘해 줘야 미워하는 마음도 가시고, 감정이 쌓이지 않는다는 의미의 속담이야. 아래 그림을 보면 이 속담이 떠오를걸? 댓글에 정답을 달아 줘!

정답 댓글

스포키의 특별 아이템과 함께하는
속담 복습!

복제문

속담들이 복제문을 통과해서 여러 개로 복제되어 버렸어! 복제된 속담을 따라 적어 없애 줘.

 속담을 따라 쓰고, 어떤 뜻인지 생각해 봐.

병	주	고	약	준	다	.
병	주	고	약	준	다	.

수	박	겉	핥	기		
수	박	겉	핥	기		

넌 언제 복제문에 들어간 거야?!

꾸? 꾸? 꾸? 꾸? 꾸? 꾸?

74

입에 쓴 약이 병에는 좋다.

입에 쓴 약이 병에는 좋다.

남의 손의 떡은 커 보인다.

남의 손의 떡은 커 보인다.

양양이와 함께하는
훈수 속담왕 노래

양양이 가사	친구야 왼쪽으로 무빙을 해야지 그땐 뒤로 빼서서 궁 각을 살폈어야지
속담 가사	**친구야, 남의 손의 떡은 커 보이지 내 것보다 남의 것이 좋아 보인단 말**

아! 궁은 맞췄어야지   오른쪽으로 왼쪽으로 피했어야지   아이템은 왜 이 모양인 거니

아! 병 주고 약 준다   피해 주고 약을 주며 생색내는 거
그야말로 딱 네 이야기 같지

아, 그거 그렇게 하는 거 아닌데   기술을 허공에 난무해 버리는 브론즈 클라스~

벼 이삭 익을수록 고개 숙인다   훌륭한 사람은 잘난 척 안 해 겸손하다고~

〈훈수왕〉에 맞춰
속담 노래를 불러 봐.

또 틀려 버리고 또 틀리고 결국 패배 수고염   내 말을 귀담아들었어야지

또 틀려 버리고 또 틀리고 제발 내 말 잘 들어
식은 죽 먹기 쉽다 쉬워

친구야, 어떤 게임이든지 뇌지컬 참 중요하잖니
친구야, 피지컬 안 되면 뇌를 써 게임을 운용하렴

친구야, 남의 잔치에 감 놔라 배 놔라 하잖니
친구야, 남 일에 나서고 괜히 참견한단 뜻이란다

또 틀렸구나 내가 파란색을 조심하랬지   또 틀렸구나 임포스터조차 왕 못해

또 틀렸구나 입에 쓴 약이 병에는 좋지   또 틀렸구나 쓴소리가 좋다고

아, 그거 그렇게 하는 거 아닌데   시민들 앞에서 정체를 드러낸 너의 클라스~

콩으로 메주 쑨다 해도 안 믿어   아무리 사실을 말해도 안 믿는다는 말~

또 틀려 버리고 또 틀리고 결국 패배 수고염   내 말을 귀담아들었어야지

달면 삼키고 쓰면 뱉는다 도움 되면 가까이   아니면 멀리한다는 속담

노래로 하니까 진짜 금방 배우긴 하네!

77

3장

야코 VS 하몽이의 디스전보다 번뜩이는

말, 말, 말 속담

가는 말이 고와야 오는 말이 곱다

내가 먼저 상대에게 고운 말을 해야 상대방도 나에게 좋은 말을 한다는
뜻이에요. 내가 상대방에게 잘해야 상대방도 나에게 잘 대해 주겠죠?

양양이 너!
감히 자는 동안
내 얼굴에
낙서를 해?!

포항항
항항항항!

야, 이 분홍
머리야!!

야, 이
빨간 내복아!!

다 큰 성인들이
유치하게 진짜….

응~,
네 얼굴 문어~.

척!

헐.

응~,
넌 오징어~.

척!

헐.

낮말은 새가 듣고
밤말은 쥐가 듣는다

주변에 아무도 듣는 사람이 없이 몰래 말을 한 것 같아도
생각지도 못한 누군가가 들을 수 있어요. 그러니 아무도
안 듣는 것 같아도 언제나 말을 조심해야 한답니다.

원바야, 저… 저기 그게 아니라….

원바야, 거기 있었구나….

낮말은 새가 듣고 밤말은 쥐가 듣는 법이다.

고오오오

슥

쿠

쿵

큰일 났다!! 다 들었어!!

친구들아.

부탁 하나 하자.

부들

부들

무… 무슨 부탁?

피자

한 입만!

휘청

화, 화난 거 아니었어?

또 다 먹었어….

꺼어억~

텅…

배부르니 행복해.

3

말이 씨가 된다

커다란 나무는 작은 씨앗에서 시작되어요.
늘 하는 말이 씨가 되어 실제로 이루어졌을 때 이 속담을 쓴답니다.
좋은 일이 생기려면 되도록 긍정적인 말을 해야겠지요?

내일 중요한 방송 있는데 지각하면 어쩌지?

설마 늦진 않겠지?

다음 날

으악! 늦었다!

설마 버스도 놓치는 건 아니겠지?

다다다

아… 안 돼!

부앙

지… 진짜 놓쳤다.

털썩

85

같은 말이라도 아 다르고 어 다르다

같은 말이라도 표현에 따라 듣기 좋은 말이 되기도 하고,
듣기 싫은 말이 되기도 해요. 그러니 말을 가려서 해야 해요.

• 비슷한 속담 말이란 아 해 다르고 어 해 다르다

얘들아, 오늘 내 옷 어때?

우아… 개성 있다!

으응… 색다르네.

아닌데?

완전 이상한데?

같은 말이라도 아 다르고 어 다르다는데 말 좀 예쁘게 하면 안 돼?

내가 왜 그래야 해?

끄으으…

얼마 뒤

복수다!!
스포키의 특별 아이템,
예쁜 말 광선총!

철!

파지직!

파지직

멸치를 넣어서
빵을 구워 봤는데,
어때? 먹을 만해?

처음 먹어
보는 맛이야.
정말 놀라워.

넌 참
남다르구나!

응?

생김새가
창의적이야.

냄새도
강렬해.

이렇게
독특할 수가…

개똥 보고
뭐라는 거야!

응 구리   구리

나 왜 이러냐고요….

87

말 한마디에 천 냥 빚도 갚는다

'냥'은 예전에 쓰던 돈의 단위예요. 천 냥이나 되는 어마어마하게 큰 빚도 말 한마디로 갚을 수 있어요. 즉, 말만 잘하면 불가능해 보이는 일도 해결할 수 있을 만큼 말이 중요하다는 의미랍니다.

너희들! 과자 먹고 쓰레기 잘 버리라니까, 또 그대로 뒀지?!

깜짝

맨날 말 안 듣고! 이제 너희가 알아서 해!

쾅!

이모 화났다.

그러게. 어떡하지?

스윽

발 없는 말이 천 리 간다

'리'는 거리를 나타내는 말이에요. 우리가 하는 말은
동물 말과 달리 발이 없지만, 아주 먼 거리인 천 리까지 갈 수 있어요.
즉, 말은 순식간에 멀리 퍼지니 항상 조심해야 한다는 의미예요.

크흑~.

너 우냐? 회사에서
무슨 일 있었어?

아… 아니거든.
얼굴에 땀 난 거야.

응? 그냥 해 본
말인데 반응이
수상하네?

쓱쓱~

부… 부탁이야.
제발 소문내지
말아 줘.

아…
알았어.

털썩

7 호랑이도 제 말 하면 온다

깊은 산속에 사는 호랑이조차 누군가 자기 얘기를 하면
알고 찾아온다는 말이에요. 그러니 어디에서든지
그 자리에 없다고 다른 사람을 흉보아서는 안 된답니다.

하몽이 진짜
울었어? 완전
깜짝 놀랐어!

그러니까. 나도
내 두 눈을 의심했어.

얼굴에 휴지를
얹고 울고
있더라니까!

아, 웃겨!

낄낄

얘들아~.

헉!

화들짝

쉿! 조용!
호랑이도 제 말
하면 온다잖아.

나 왔…

훗다닥

어색
어색

…어.

8

입은 비뚤어져도 말은 바로 해라

입이 비뚤어져서 제대로 말하기 어려워도 바른 말을
해야 한다는 뜻으로, 아무리 상황이 좋지 않더라도
말은 언제나 바르게 해야 함을 이르는 말이에요.

95

9

입이 열 개라도 할 말이 없다

말할 수 있는 입이 열 개나 되는데도
할 말이 없다는 것은 잘못이 명명백백히 드러나
변명의 여지가 없다는 의미예요.

내가 진짜 아끼는
피규어야. 멋있지?

여보세요?

나 잠깐
전화 좀~.

응~.

진짜 비싸
보인다.

내가 본
피규어 중에
최고인 것 같아.

미끌

어랏?

휘청

여기에 누가
바나나 껍질을…!

쇠귀에 경 읽기

'쇠'는 소를 말해요. 소의 귀에 대고 불교의 가르침을 모아 놓은
불경을 읽어 주면 알아듣지 못하겠지요? 이처럼 아무리
열심히 가르치고 알려 주어도 알아듣지 못한다는 의미예요.

운동 기구는 다음에 하고 오늘은 가볍게 스쿼트 자세를 알려 드릴게요.

등을 곧게 펴서 무릎에 무리가 가지 않게.

엉덩이를 뒤로 빼는 느낌으로 천천히 앉았다가 일어나시면 되어요.

뿌욱

이건 그냥 앉았다 일어났다 하는 거라 쉽네요!

그거 아닌데….

슈슈

하하, 운동보다 식단 관리 방법부터 설명해 드릴게요. 채소와 닭 가슴살 위주로….

그럼 샐러드 조금에 치킨, 오리고기 토핑을 잔뜩 올려서 먹을게요.

휘청

쇠귀에 경 읽기네….

수고하셨습니다.

꾸벅

한 달 뒤

야코 씨, 운동하셨다고요?

네, 그럼요!

숨 쉬기 운동만 하셨나?

지방이 늘었는데요?

네?

11

말 속에 뜻이 있고 뼈가 있다

부드러운 고기의 속에는 딱딱한 뼈가 숨어 있죠.
이처럼 말 속에도 겉으로 드러나지 않은 진정한 속뜻이
숨어 있다는 말이에요.

스포키의 특별 아이템과 함께하는
속담 복습!

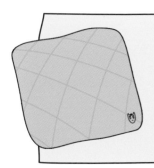

킥킥 이불

킥킥 이불을 덮고 이불 킥을 하면 돌아가고 싶은
순간으로 돌아갈 수 있어! 할 말을 하지 못해서 아쉬웠던
순간으로 돌아가서 속담으로 속 시원하게 말해 봐!

 그림을 보고 빈칸을 채워 속담을 완성해 봐.

야코가
후회하는 순간

스포키가 친구들한테
자기 옷이 어떠냐고 물었는데
츄리가 심하게 말한 적이 있어.
그때 친구로서 아무런 말도
못 해 준 게 아쉬워.

옷 진짜
별로야.

돌아간다면
하고 싶은 말

츄리야, 같은 말이라도
아 다르고 어 다른 거야.
말을 예쁘게 해야지.
얼른 스포키에게 사과해.

사과해!

읍읍^%!@%#
(입이 열 개라도
할 말이 없다.)

배운 속담을 활용한다면
짧고 굵게 의미를
전달할 수 있을 거야!

할 말을 하지 못해 아쉬움이 남는 순간은?

하… 그때 왜
아무 말도 못했지?

그 순간으로 돌아간다면 하고 싶은 말은?

킥!!

네모와 함께하는
⟩ 한 호흡 속담 챌린지 ⟨

 네모야, 뭐 해?

한 호흡에 속담 노래를 다 부르는 한 호흡 속담 챌린지를 해 보려고.

 우와후! 내가 먼저 해 볼게!
숨 크게 들이켜고 시~작!

한 호흡에 백 글자를 부를 수 있을까~♬
오늘을 위해 속담으로 연습해 왔지만~
쉽지 않은 도전이다. 나는 벌써 어지러워.
하지만 난 달려간다. 독자들아, 지켜봐 줘.

| 야코
가사 | 머릿속이 하얘지고 뇌는 내게 숨 쉬라고 계속해서 나의 의지 꺾으려고 하고 있지 |

| 속담
가사 | **가는 말이 고와야 오는 말이 곱다**는 건
내가 먼저 곱게 해야 상대방도 곱게 한다 |

〈한 호흡 챌린지 노래〉에 맞춰
속담 노래를 불러 봐.

나는 굴복하지 않아 근데 내가 지금 이런 짓을 하고 있는 이유 (아… 헤엑 헤엑)

말이 씨가 된다는 건
항상 말로 하는 것이 실제 이뤄진다는 것 (아… 헤엑 헤엑)

한 호흡에 백 글자를 부를 수 있을까~♬ 단 한 글자도 안 틀리고 또박또박한 발음으로
호흡 길어지면 길어질수록 고통 다가온다 이걸 한 번에 녹음하라고? 야코야 왜 고문하니?

한 호흡에 백 글자를 부를 수 있을까~♬
말 한마디에 천 냥 빚도 갚는다는 속담은 → 엄청나게 큰 빚도 말 한마디로 갚을 수 있다
이걸 한 번에 녹음하라고? → 야코야 왜 고문하니?

딱 한 번만 틀리면은 다시 녹음해야 해서 나의 영혼을 걸고서 확 집중을 하고 있지

발 없는 말 천 리 간다 항상 말조심해야 해
쇠귀에 경 읽기는 절대 못 알아듣는다

나는 무릎 꿇지 않아 이제 거의 끝나 간다 신선한 공기의 중요성을 이제 깨달았다

낮말은 새가 듣고 밤말은 쥐가 듣지   몰래 말한 것 같아도 누군가는 듣고 있다

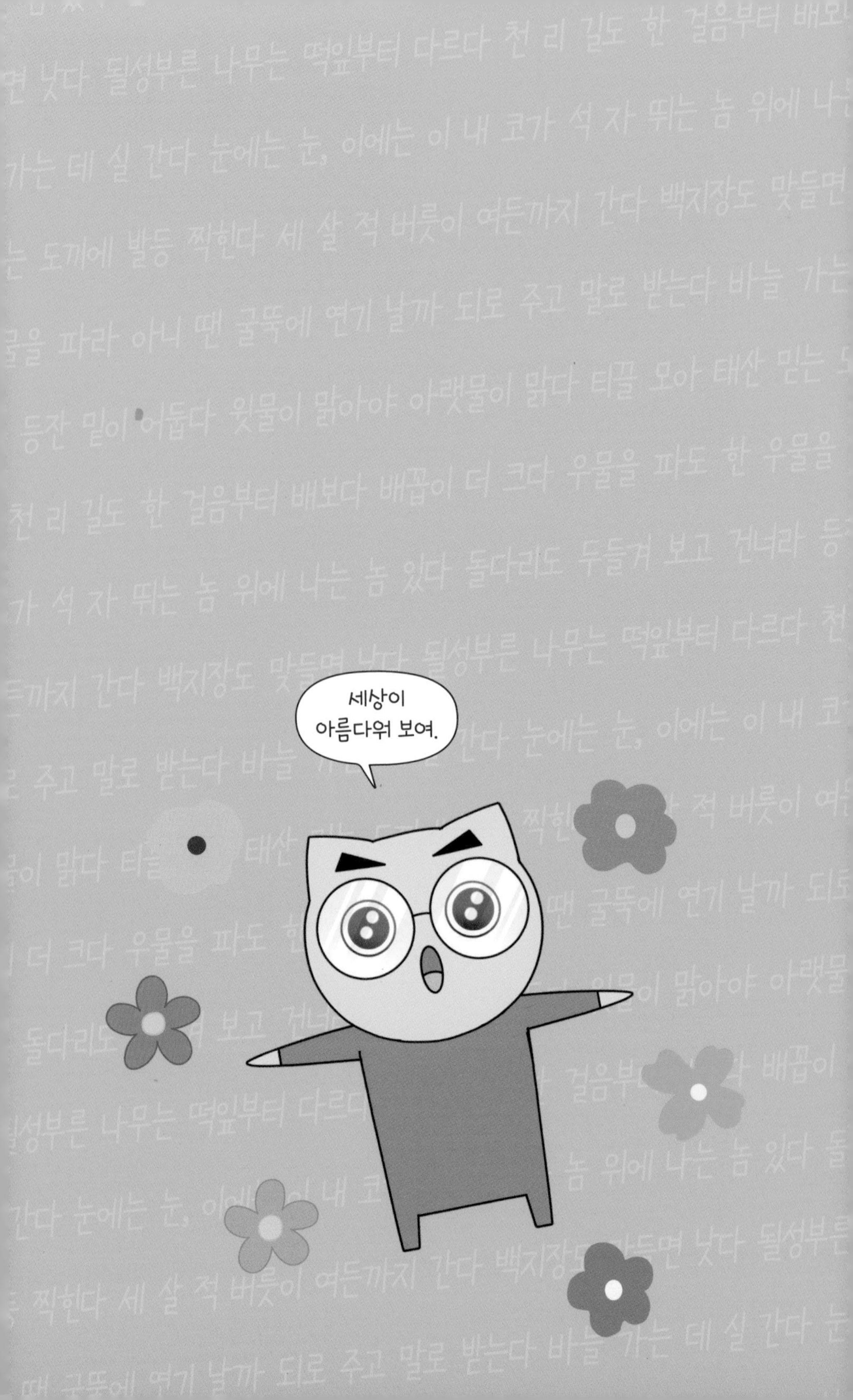
세상이 아름다워 보여.

✦ **4장** ✦

세계관 최강자
야코에게도
깨달음을 주는

교훈 속담

① 뛰는 놈 위에 나는 놈 있다

세상에서 가장 빠른 사람이 뛰어가도 비행기를 타고 날아가는 것보다는 느리겠죠? 아무리 재주가 뛰어나더라도 그보다 더 뛰어난 사람이 있기 마련이에요. 그러니 자만하지 말고 늘 겸손하도록 해요.

108

② 돌다리도 두들겨 보고 건너라

튼튼해 보이는 돌다리조차 두들겨서 확인해 보고
건너야 한다는 뜻으로, 잘 아는 일이라도 만만히
여기지 않고 주의해야 한다는 말이에요.

③ 등잔 밑이 어둡다

등잔 불을 켜면 주변은 매우 밝아지지만, 그 바로 아래는 그림자 때문에 어두워요. 이처럼 가까운 곳에서 일어난 일이나 친밀한 사람에게 벌어진 일을 오히려 모를 때 이 속담을 써요.

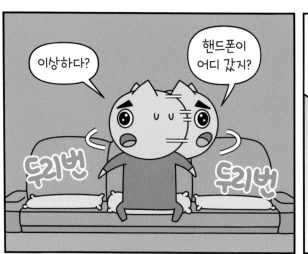

이상하다?

핸드폰이 어디 갔지?

두리번

두리번

어머니, 혹시 한 시간 안에 제 핸드폰을 보신 적 있으세요?

아니, 없는데?

아… 안 돼.

중요한 약속 있어서 지금 나가야 하는데….

어디에 있는 거니, 진짜~!

팟!

화장실 변기 위에 있니?

침대 밑에 있니?

사삭

제발 나와라~!!

제발~!!

자, 엄마 핸드폰으로 전화해 봐!

아, 그러면 되겠다.

아, 맞다!

핸드폰을 무음으로 해 놨어.

털썩

그거 음성 인식되지 않아?

아!

하이~, 박수비~!

따릉~

쯧쯧

에휴~ 등잔 밑이 어둡네요.

어? 여기에 있었네.

113

4 윗물이 맑아야 아랫물이 맑다

물은 위에서 아래로 흘러요. 그래서 윗물이 맑으면 자연히 아랫물도 맑고, 윗물이 더러우면 아랫물도 더럽지요. 즉, 좋은 행동이든 나쁜 행동이든, 윗사람의 행동을 아랫사람이 보고 배운다는 의미예요.

5 티끌 모아 태산

'티끌'은 먼지처럼 아주 작은 것, '태산'은 대단히
높고 큰 산이에요. 티끌처럼 작은 것이라도 모이고 모이면
태산처럼 큰 것이 된다는 의미로, 작은 일이라도
꾸준히 하면 큰일을 이룰 수 있음을 뜻해요.

6

믿는 도끼에 발등 찍힌다

항상 사용하던 도끼는 너무 익숙해서 문제가 없을 거라고 믿지만,
잘못하면 발등을 찍히고 말아요. 이처럼 잘될 것이라고 생각했던
일이 실패하거나, 믿었던 사람이 배신할 때 쓰는 말이에요.

❼ 세 살 적 버릇이 여든까지 간다

어릴 때 몸에 밴 버릇은 나이가 들어도 고치기 어렵다는 뜻으로,
어려서부터 나쁜 습관이 들지 않도록 잘 이끌어 주어야 한다는 의미예요.
우리 모두 지금부터 좋은 습관을 들이기 위해 노력해야겠지요?

얘들아,
잘 따라오고
있니?

어… 어쩌지?
너무 졸려.

야큰는 안 졸고
열심히 하네?

응?

누… 눈을
감고 있어?!

훽!

그렇다면 저 자세는 눈을 감은 것을 들키지 않기 위해서?

소… 손도 필기하는 척 움직이고 있어!

속
슥슥

대… 대단하다 야코!!

십 년 뒤

어? 야코 안 졸고 열심히 하네?

쿵!

휙
휙 휙

눈꺼풀에 눈을 그린 거야?! 세 살 적 버릇이 여든까지 간다더니….

쿨~

심지어 몰래 자는 기술이 더 늘었어!

8

백지장도 맞들면 낫다

'백지장'은 하얀 종이 한 장을 말해요. 이렇게 얇고 가벼운
종이도 양쪽에서 함께 들면 더 가볍겠죠? 쉬워 보이는 일이라도
여럿이 힘을 모으면 더 가뿐하게 해낼 수 있어요.

꺄아아악~
숙제하기 싫어~!!

내가
여러 명으로
복제되면
좋겠다~!

숙제도 시키고
청소도 시키고
난 놀고~.

쿵!

헉!

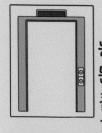

복제문

능력: 문을 통과하면
문에 쓰여진 숫자만
큼 자신의 분신이 생
겨난다.

사용 방법 : 버튼을 이용해 숫자를
늘리거나 줄일 수 있다. 복제된 분
신은 30분 뒤 자동으로 사라진다.

진짜 이게
된다고?!

일단 해 본다!!

팟!

122

될성부른 나무는 떡잎부터 알아본다

'떡잎'은 씨앗에서 움이 트면서 처음 나오는 잎을 의미해요.
잘 자랄 나무는 떡잎만 봐도 알 수 있다는 말로,
잘될 사람은 어려서부터 남다르다는 뜻으로 쓰인답니다.

오늘은 구독자 100만 명 너튜버 야코 씨의 친구들을 인터뷰해 보겠습니다.

야코 씨는 어릴 때 어땠나요?

촐싹 그 자체! 촐싹 대마왕이었어요.

어릴 때부터 머리카락이 부족했어요.

정신 산만.

장난 아니었어요.

이거 얼굴 안 나가는거 맞아?

될성부른 나무는 떡잎부터 알아본다더니 친구들 말로는 어릴 때부터 남달랐다더군요.

제가 어릴 때부터 특별하긴 했어요.

녀석들, 친구라고 인터뷰 잘해 줬구나.

으읏~

100만 구독자는 아무나 되는 게 아니죠.

자, 오늘은 내가 산다~!

중국집

얘들아, 인터뷰 잘해 줘서 고마워~.

파팟

파팟

방송 올라올 시간이네~.

충격 인터뷰

이… 이게 뭐야?

도망쳐!!

파파팟

충격 인터뷰?!

⑩ 천 리 길도 한 걸음부터

'천 리'는 약 400km에 이르는 몹시 먼 거리예요. 이렇게 먼 거리도 처음 한 걸음부터 시작해야 한다는 의미로, 아무리 큰일이라도 작은 일부터 차근차근 시작하는 것이 중요하답니다.

126

127

11

배보다 배꼽이 더 크다

배에 있는 배꼽은 당연히 배보다 작아요.
그런데 배보다 배꼽이 더 크다는 것은 주된 것보다
부수적인 것이 더 크거나 많은 경우를 꼬집는 말이에요.

아~ 배고파.
짜장면이나
시켜 먹을까?

돈 아깝게 짜장면을
왜 시켜 먹어?

짜장 라면으로
짜장면보다 더 맛있게
만들 수 있어~.

진짜?

자신
만만

잘 돼 가?

보글

보글

여기에 양파
조금 넣으면
더 맛있는데~.

129

12

우물을 파도 한 우물을 파라

우물을 만들 때는 한 곳의 땅을 깊게 파야 물을 얻을 수 있어요.
즉, 어떤 일이든 한 가지 일을 끝까지 해야 성공할 수 있지요.
일을 이것저것 벌이기만 하면 완성하기 어려울 테니까요.

사동아, 태권도장 안 가?

그만뒀어. 미술 학원 다닐 거야.

뒹굴

뒹굴

등

한 달 뒤

사동아, 미술 학원 안 가?

그만뒀어. 피아노 학원 다닐 거야.

후비적…

한 달 뒤

피아노 학원 안 가?

그만뒀어.

등

사동아, 우물을 파도 한 우물을 파라고 하잖아.

뭐든지 한 가지에 집중해야 성공할 수 있는 거야.

13

아니 땐 굴뚝에 연기 날까

불을 피우지 않았는데 굴뚝에서 연기가 날 리는 없겠죠? 이처럼
모든 일이 원인이 있기 때문에 결과가 생긴다는 의미랍니다.

네모야, 너 야코 좋아하지?

응? 무슨 소리야? 그럴 리가~.

애들이 다 그러던데?

아니 땐 굴뚝에 연기 나겠어?

너 야코만 보면 엄청 웃잖아.

아, 그거?

그게 말이야....

응?

왜 다쳤냐고?

어제 길을 가다가 갑자기 아이스크림이 먹고 싶어서 아이스크림 할인점에 가서 아이스크림을 사서 먹다 보니 하몽이와 약속 시간에 너무 늦어 버려서 빨리 가려고 서두르다가 발을 헛디뎌서

어 넘 져 어.

뿌욱~

쑥~

야코가 머리에 밴드 붙인 모습이 자꾸 생각나서 웃은 거야. 너무 웃느라 야코 얘기는 듣지도 못했어.

아하~

되로 주고 말로 받는다

'되'와 '말'은 곡식의 양을 잴 때 쓰는 그릇으로, '말'은 '되'의
열 배예요. 되로 주고 열 배인 말로 받는 것은, 조금 주고
그 대가로 훨씬 더 많이 받는다는 뜻이랍니다. 요즘에는 남을
골탕 먹이려다 더 크게 대갚음당할 때 주로 사용해요.

얘들아,
내가 햄버거
쿠폰 줄까?

이거
너네 써.

정말?

웬일이야?

봐 봐.
여기 있잖아.

저희 쿠폰
사용할게요~.

이거는
이미 사용하신
건데요?

푸하하~ 내가
이미 쓴 거지롱~!

발끈

어떻게 그걸 속냐? 카카캬.

감히 우릴 속여?!

얼마 뒤

양양아, 햄버거 가게에서 햄버거 송 부르면서 부채춤 추면 공짜로 해피 세트 준대.

나도 했어.

진짜?

저기….

들깨빵 위에 맛있는 소스~♪

빠빠빠 빠빠빠빰~♪

파닥

파닥

….

손님, 햄버거 송 챌린지는 작년에 진행한 행사입니다.

아….

화끈

• • •

너희들 거기 서~!!

이런 걸 되로 주고 말로 받는다고 한단다~.

하하~!

후다닥

바늘 가는 데 실 간다

바늘과 실은 떼려야 뗄 수 없는 관계죠. 바늘이 가는 곳에
항상 실이 뒤따르는 것처럼 항상 함께하는 아주 긴밀한 관계를
나타내는 속담이에요. 마치 단짝 친구처럼 말이에요.

우아~ 좋다~!!

역시 여행은 혼자가 최고야~!

일단 짐을 풀고~.

스윽

쿠

까꿍

웅

어우, 배고파. 밥 먹으러 가자.

바늘 가는 데 실 간다고. 우리가 빠질 수 없지~!

가방에 있던 짐은? 지갑 거기에 있는데….

야코야, 배고파.

나도.

선글라스 말고 지갑을 챙겼어야지…

눈에는 눈, 이에는 이

피해를 입은 만큼 그대로 돌려주는 것을 의미해요.
누군가가 나를 괴롭히면 당한 그대로 똑같이
되갚아 주려고 굳게 마음먹는 상황에 쓰여요.

내 코가 석 자

'자'는 길이를 나타내는 단위로, 한 자는 30.3cm 정도예요.
'내 코가 석 자'라면 코가 91cm 정도로 길다는 뜻인데,
그러면 앞을 제대로 보기 매우 힘들고 불편하겠죠?
즉, 내 사정이 몹시 급해 다른 사람을 돌볼 여유가 없다는 뜻이에요.

쒸이앵

야코야, 어디 가?!

빨간내복야코 속담 책이 나왔어!

늦으면 못 사!!

쒸엉!

뭐?

빨간내복야코 속담 책?!

140

141

네모네모빔을 맞아도
▷ 속담은 계속된다…! ◁

속담을 공부하던 야코와 친구들이 네모네모빔을 맞았어.
네모투성이가 되어 버린 속담을 번역하여 원래 모습을 되찾아 줘!

1. 멸 번 찍머 마니 넘머가는 나무 없다

→ 열 번 찍어 아니 넘어가는 나무 없다

도끼로 열 번을 찍으면 어떤 나무도 쓰러지게 된다는 뜻으로,
여러 번 계속 노력하면 안 되는 일이 없다는 말이에요. 뜻이 매우 굳건한
사람도 여러 번 설득하면 결국 마음이 변한다는 의미로도 쓰여요.

네모네모빔의 전말을
영상으로 만나 봐.

 빈 곳에 네모네모빔를 맞은 속담을 바르게 써 줘.
(번역: 빈 곳에 네모네모빔을 맞은 속담을 바르게 써 줘.)

2. 곰든 탑미 무너지랴

공을 들여 차곡차곡 튼튼하게 쌓은 탑은 절대 무너질 리 없어요.
이처럼 온 힘과 정성을 다하여 한 일은 반드시 좋은 결과를 얻는다는 뜻이에요.

3. 가람비에 못 젖는 줄 모른다

'가랑비'는 가늘게 내리는 비를 말해요. 가랑비에는 차츰차츰 옷이 젖어 들기
때문에 여간해서는 젖는 줄을 알지 못한다는 의미로, 아무리 사소한 일이라도
그 일이 반복되면 무시하지 못할 만큼 큰일이 된다는 뜻이에요.

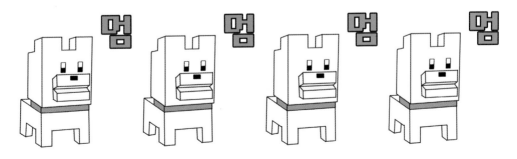

4. 고샘 끝에 낙미 몬다

→

'낙'은 즐거움이나 재미를 의미해요. 어려운 일이나 힘든 일을 겪은 후에는
반드시 즐거운 일이 생긴다는 말이에요. 공부를 열심히 해야
재미있는 빨간내복야코 동영상을 볼 시간도 생기겠죠?

5. 구슬미 서 말미라도 꿰머야 보배

→

'말'은 부피를 재는 단위로, 꽤 많은 양이에요. '서'는 셋을 의미하고요.
서 말이나 되는 많은 구슬이 있어도 꿰어야 귀중한 보배가 되는 것처럼
아무리 훌륭한 것이라도 쓸모 있게 만들어야 가치가 있음을 의미해요.

6. 사곰미 많므면 배가 산므로 간다

'사공'은 배를 모는 일을 하는 사람을 말해요. 사공 여럿이 배를 각자의 주장대로
몰려고 하면 배가 애먼 산으로 올라간다는 뜻으로, 주도하는 사람 없이
여러 사람이 자기주장만 내세우면 일이 제대로 되기 어려움을 의미해요.

머리 꽃밭 안경

머리 꽃밭 안경을 쓰면 불평 불만들이 사라지고
세상이 아름다워 보여! 머리 꽃밭 안경을 쓰고
스스로에게 긍정적인 속담을 주문처럼 외워 보자!

4장에서 배운 속담 중 긍정적 의미를 가진
속담을 활용해서 스스로에게 따뜻한 말을 해 주자.

오늘 사둥이 돌보느라 많이 힘들었지, 야코야?

사둥이가 말도 안 듣고 화났던 순간도 많았지.

사둥이도 조금만 더 크면 네 마음을 알 거야.

고생 끝에 낙이 온다고, 조금만 버텨 보자.

그래도 윗물이 맑아야 아랫물이 맑으니까

사둥이 앞에서 좋은 모습만 보여 주려 노력해 봐.

세… 세상이 아름다워 보여!

TO _____

야코·하몽이와 함께하는
당신의 머리를 깨우는 속담 송

 안녕하세요, 츄리 아직 자나요?

시작할까?

그래, 시작하자.

야코 가사	일어나라 게으른 내 친구야 5분만 할 시간에 씻었으면	너는 시간을 잃어버리고 있다 볼빨간★춘기 노래 두 번 더 들었다
속담 가사	일어나라 속담 공부하자 → 5분만 할 시간에 공부하면 →	너는 속담을 잊어버리고 있다 속담 천재 만재 칭찬 두 번 더 들었다

네가 베개에서 머리를 안 떼면   넌 지각해서 인성 문제 있는 사람으로 보이고

믿는 도끼에 발등 찍힌다   너 믿었던 사람이 배신한단 뜻이고

그래서 아무도 네게 소개팅을 안 시켜 주고   평생 너는 솔로로 여생을 살게 된다

될성부른 나무는 떡잎부터 알아본다   잘될 사람 어려서부터 남다르다

148

<당신의 아침을 깨우는 알람 송>에 맞춰
속담 노래를 불러 봐.

지금 깨지 않으면 급하게 준비하다   발을 잘못 디뎌 화장실에서 미끄러지고

윗물이 맑아야 아랫물 맑다는 건   아랫사람 윗사람 보고 배운다고

3번 척추 충격에 허리가 다치고   그로 인해 너는 병원 신세를 지게 될 거다

돌다리도 두들겨 보고 건너라   아는 일도 확실히 확인해야 한다고

지금 깨지 않으면 급하게 버스 잡게 되고   너로 인해 버스가 급정결 하게 되며

열 번 찍어 안 넘어가는 나무 없다는 건   계속 설득하면 마음 바뀐다고

타고 있던 이름 모를 수험생의 머리가 다치고   부분 기억 상실로 너로 인해 시험을 망치게 된다

등잔 밑이 어둡다는 가까운 일을 모르고   **티끌 모아 태산**은 작은 것 모여 태산 된다

일어나라 게으른 내 친구야   너는 시간을 잃어버리고 있다
5분만 할 시간에 씻었으면   블★핑크 노래 두 번은 더 들었Da~

세 살 버릇 여든까지 간다   →   어려서부터 습관 중요하다
백지장도 맞들면 낫다는 건   →   쉬운 일도 힘을 모으면 더욱 쉽Da~

빨간내복야코 어린이 상식 ① 속담

1판 1쇄 발행 | 2024년 11월 6일
1판 5쇄 발행 | 2024년 11월 29일

원작 빨간내복야코
글 전판교 **그림** 도니패밀리
감수 샌드박스네트워크
펴낸이 김영곤

기획개발 김미희 이해림 정윤경
디자인 이찬형 **교정교열** 오경은
아동마케팅팀 장철용 양슬기 명인수 손용우 최윤아 송혜수 이주은
영업팀 변유경 김영남 강경남 황성진 김도연 권채영 전연우 최유성
제작팀 이영민 권경민

출판등록 2000년 5월 6일 제406-2003-061호
주소 (우 10881) 경기도 파주시 회동길 201 (문발동)
대표전화 031-955-2100 **팩스** 031-955-2141
홈페이지 www.book21.com

다양한 SNS 채널에서 아울북과 을파소의 더 많은 이야기를 만나세요.

인스타그램
@owlbook21

페이스북
@owlbook21

네이버카페
owlbook21

네이버포스트
아울북 and 을파소

ISBN 979-11-7117-870-4
ISBN 979-11-7117-869-8 (세트)

KC
• 제조자명 : (주)북이십일
• 주소 및 전화번호 : 경기도 파주시 회동길 201(문발동)/031-955-2100
• 제조연월 : 2024.11.
• 제조국명 : 대한민국
• 사용연령 : 3세 이상 어린이 제품

✧ 정답 ✧